ESCALADE
Varappe

Simon Colboc • Marc-Henri André
Jacky Godoffe • Christian Pedrotti

GAMMA ÉCOLE ACTIVE

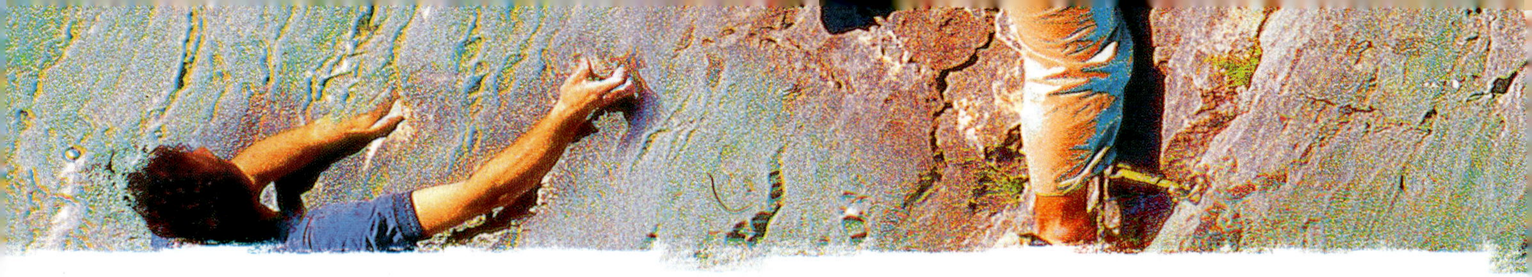

Édition originale
© Éditions Gamma
60120 Bonneuil-les-Eaux
Dépôt légal : Septembre 2003.
Bibliothèque Nationale.
ISBN : 2-7130-1996-6

Exclusivité au Canada :
Éditions École Active
2244, rue de Rouen, Montréal,
Qué. H2K 1L5
Dépôts légaux : Septembre 2003.
Bibliothèque Nationale du Québec,
Bibliothèque Nationale du Canada.
ISBN : 2-89069-745-2

Loi n° 49-956 du 16 juillet 1949 sur les
publications destinées
à la jeunesse.

Création - Réalisation :
NEVA Éditions
Direction de collection :
Andréa Lémani
Maquette :
Olivier Espinasse
Avec la collaboration de
Nathalie Bossus

Imprimé en Italie

Sommaire

Petit historique

L'escalade est sans doute le sport le plus ancien, exceptée la course à pied, évidemment. Car au départ, la grimpe n'est pas un sport mais une activité vitale.

L'homme préhistorique (déjà !) se sert des falaises et des rocs comme d'abris pour cacher sa nourriture ou se protéger des prédateurs. Avec le temps, le besoin d'escalade disparaît progressivement.

Mais, à la fin du 19e siècle, l'escalade renaît en Allemagne. L'escalade est devenue un sport : le but n'est pas seulement d'arriver au sommet mais aussi de le faire par différents itinéraires.

En France aussi, l'escalade redevient à la mode.

Il faut tout de même attendre la fin des années soixante pour que l'escalade prenne une vraie identité. Aux Etats-Unis, l'escalade libre se développe très rapidement, surtout en Californie où le parc du Yosemite va devenir la référence mondiale de l'escalade "new wave" (nouvelle vague).

Petit historique

Dans les années quatre-vingt, cette tendance gagne l'Europe et la France. A partir de ce moment, les limites sont chaque jour un peu plus repoussées. Les grimpeurs voient toujours plus haut. On parle désormais de parois de plusieurs centaines de mètres ! Avec toujours une meilleure sécurité, un matériel de plus en plus fiable et des athlètes toujours mieux préparés, qui peut dire où l'exploit s'arrêtera ?

Différence entre l'escalade et l'alpinisme

Le grimpeur tente de conquérir les sommets grâce à sa force et à sa technique alors que l'alpiniste, lui, atteint son but par tous les moyens possibles : échelles de corde, étriers... un matériel indispensable pour gravir les plus hautes montagnes du monde. L'escalade se pratique, elle aussi, en montagne mais à de moins hautes altitudes. Cependant, aux passages de leur ascension, il arrive aux alpinistes d'escalader comme les grimpeurs. Quoi qu'il en soit, les alpinistes et les grimpeurs partagent les mêmes passions : la nature et le dépassement de soi.

Ton matériel et équipe

Le matériel dépend de ce que tu comptes faire et également de ton niveau. Ces quelques lignes t'aideront à te constituer un équipement de base. Bien sûr, cette liste n'est pas exhaustive. N'oublie pas que certains équipements, même chers, sont indispensables à ta sécurité. D'autres sont plus accessoires : sac, gourde...

Il faut souvent un bon nombre de petites chutes avant d'arriver à passer les endroits les plus difficiles. La corde est donc un moyen indispensable pour améliorer les performances et constitue la meilleure assurance-vie du grimpeur.

L'attache

C'est une corde élastique et souple (dans le jargon, on parle de corde dynamique). Sa longueur est assez courte : entre 40 et 50 mètres. On ne s'en sert pas pour les descentes.

A gauche : une corde statique et à droite : une corde dynamique.

La corde statique

A ne pas confondre avec les deux autres. Comme son nom l'indique, la corde statique est une corde sans élasticité. A la moindre petite chute, ce n'est plus une corde mais un câble d'acier qui te stoppe net, en t'abîmant quelques vertèbres au passage. La corde statique n'est donc utilisée que dans certains cas particuliers : moulinette, hissage, rappel. En aucun cas, elle ne doit être utilisée par le grimpeur de tête.

Le rappel

Ce type de corde peut servir à grimper mais son principal intérêt est de permettre aux grimpeurs de redescendre (voir la technique du rappel). La corde de rappel mesure rarement moins de 80 mètres.

La longueur d'une corde

Pour éviter les petites frayeurs, parfois lourdes de conséquences, mieux vaut ne pas être surpris par une corde trop courte. Avec 70 mètres, tu es paré pour toutes les voies.

Ton matériel et équipe

De quoi est fait une corde?

La corde est faite d'une âme et d'une gaine. C'est l'âme qui supporte le poids. Grâce aux tresses qui se trouvent à l'intérieur, la corde devient élastique (l'allongement de la corde peut aller jusqu'à 30%), autrement dit, une corde de 10 mètres peut en atteindre 13!

L'âme est entourée par la gaine. Le rôle de la gaine est de protéger la corde du frottement contre la roche, de l'humidité, de la poussière et des rayons ultra-violets.

Comment vérifier l'état d'une corde?

Il faut en prendre grand soin car les cordes peuvent s'abîmer très vite. Pour vérifier l'état d'une corde, il suffit de la plier en deux avec ses doigts pour sentir si elle est toujours suffisamment élastique. Ce test est obligatoire avant chaque montée.

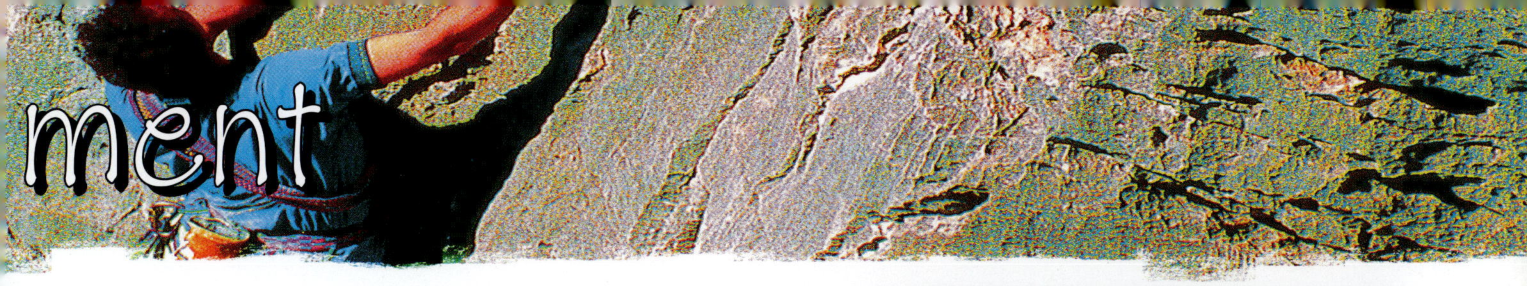

Combien de temps garder une corde ?

Une corde doit être remplacée tous les deux ans environ, même si elle n'a que peu servi. Il est aussi recommandé de changer de corde après une chute importante. Pour allonger la durée de vie d'une corde, on coupe les extrémités d'environ 5 mètres, car ce sont elles qui s'usent en premier. Dans ce cas, surtout n'oublie pas de brûler les bouts fraîchement coupés, afin d'éviter que la corde ne s'effiloche.

Comment plier une corde ?

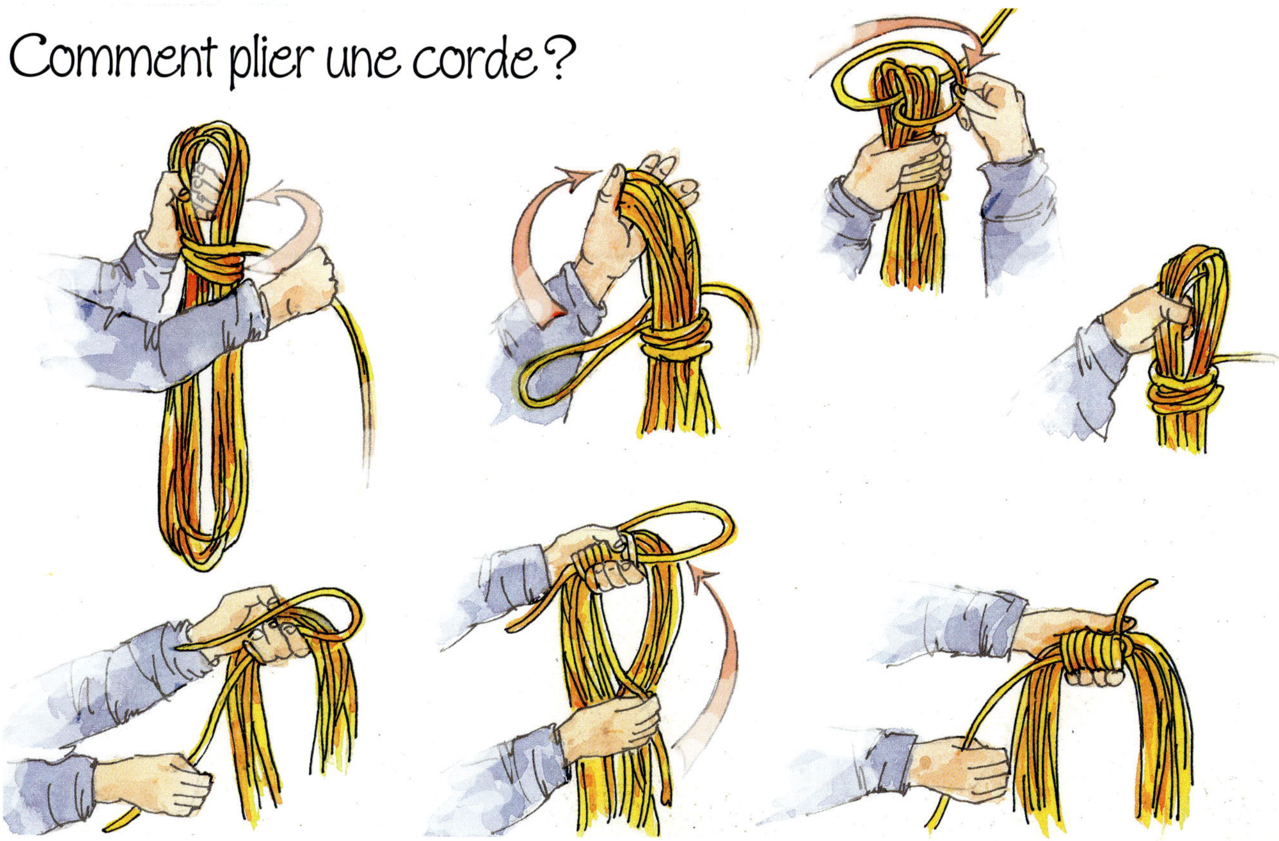

Ton matériel et équipe

Le baudrier

Le grimpeur s'attache à la corde grâce au baudrier. Ainsi, lors d'une chute, la pression de la corde n'est pas entièrement supportée par le bassin mais aussi par les cuisses.

Les mousquetons

Les mousquetons servent à s'attacher à la corde ou à la paroi. On en porte parfois plus de 30 sur soi. Il en existe différentes sortes : ils peuvent être plus ou moins grands et la taille de l'ouverture peut varier.

Le descendeur

Le descendeur est un petit objet métallique en forme de huit. Il sert principalement à freiner la descente, notamment lors de la descente en rappel.

Les dégaines

Les dégaines sont formées par deux mousquetons reliés par une solide petite sangle cousue. Le premier mousqueton est destiné au passage de la corde, le second est accroché au piton.

Le Grigri

Le Grigri est un dispositif d'assurance du premier ou du second de cordée. En cas de forte tension (chute), le blocage est "automatique".

Ton matériel et équipe

Les autobloquants

Attention, le premier maillon de la chaîne d'assurance, c'est toi! Les freins autobloquants sont faits pour assurer un grimpeur seul en toute sécurité. Finies les crampes aux mains avec le descendeur pour retenir ton copain, avec les autobloquants, dès que la corde est en tension, le système se bloque et retient le grimpeur.

Le port du casque

Le casque n'est pas obligatoire mais est vivement recommandé. Le casque te protège lors des chutes, évidemment, mais aussi des pierres qui peuvent se décrocher du haut de la falaise.

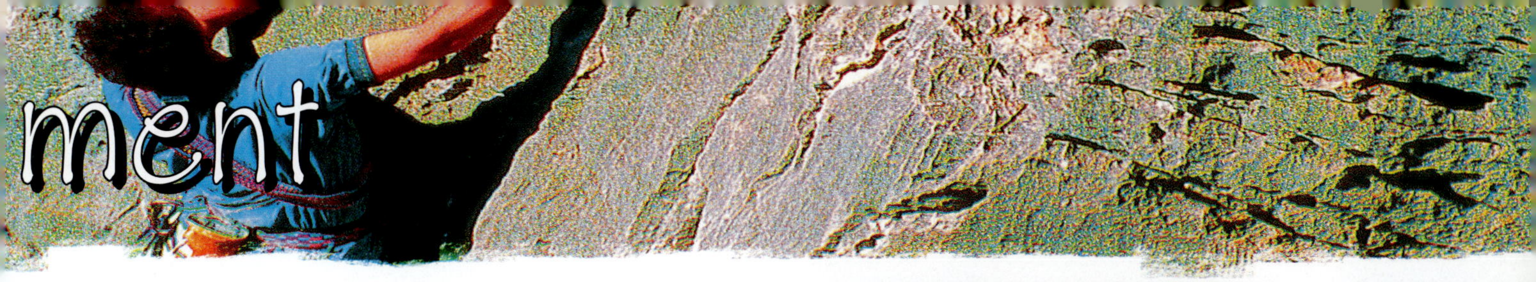

Le sac à magnésie

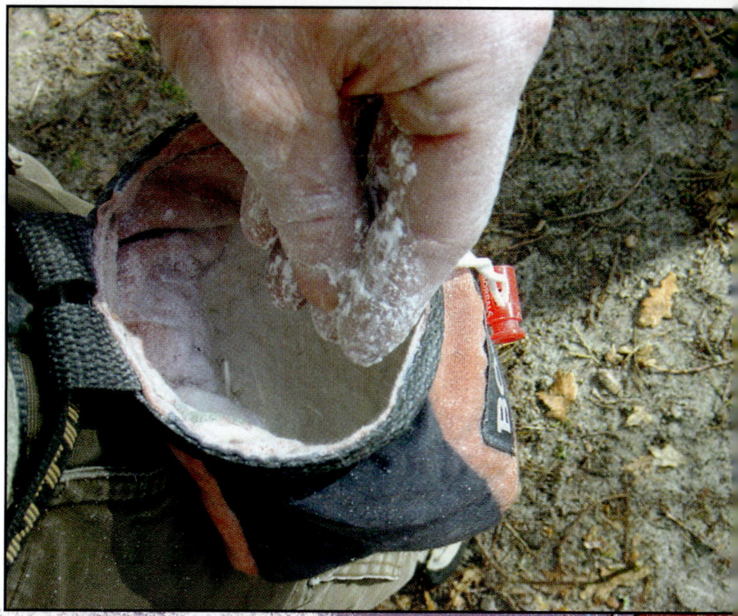

On l'appelle aussi le "sac à pof'". Ce sac contient de la résine de pin (sous forme de poudre) qui sert à assécher les mains. Car quand on grimpe, l'effort engendre de la sueur. La sueur rend les mains humides et elles glissent sur les prises. Le sac à magnésie se fixe à l'arrière du baudrier (dans le dos) grâce à un mousqueton.

Ton matériel et équipe

Les chaussures

Il existe quatre sortes de chaussures d'escalade (on parle aussi de "chaussons").

La chaussure rigide à tige, celle des débutants. Elle est montante et protège la cheville des frottements contre le rocher, ce qui évite souvent les blessures.

La chaussure rigide simple, elle, permet au grimpeur de bouger le pied dans toutes les directions.

C'est une chaussure pour les grimpeurs d'un bon niveau.

Il existe aussi des chaussures "souples". Elles sont destinées aux grimpeurs expérimentés. On les appelle ainsi parce que la semelle est souple. Avec ces chaussures aux pieds, on sent le rocher comme si on marchait dessus pieds nus. Elles permettent aux très bons grimpeurs de dénicher les moindres petites prises.

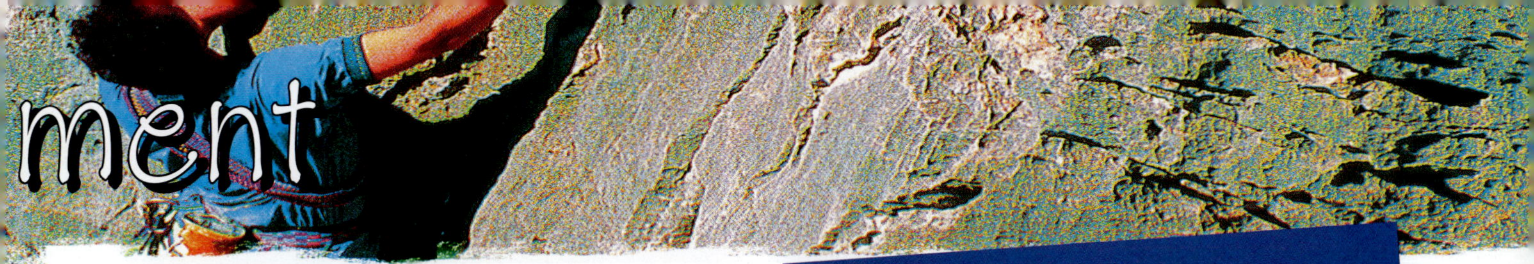

Pointe de semelle de chaussures souples.

Avec ou sans chaussettes ?

Certains aiment, d'autres pas. C'est une question de température extérieure, de roche (coupante ou pas) mais surtout de goût.

Les ballerines ne conviennent absolument pas aux débutants. Elles sont très légères, sans lacet, et faciles à enfiler mais demandent beaucoup de force car il est difficile de tenir sur de petites prises. En revanche, la forme des ballerines permet parfois de glisser le pied là où d'autres chaussures ne pourraient pas s'engouffrer.

Découvrir la technique

Il existe plus d'une centaine de nœuds. Voici les plus simples et les plus fréquents qui sont aussi les plus indispensables. La règle d'or des nœuds, en escalade, est de toujours les faire vérifier par son partenaire de cordée ou par son moniteur.

Avant de démarrer

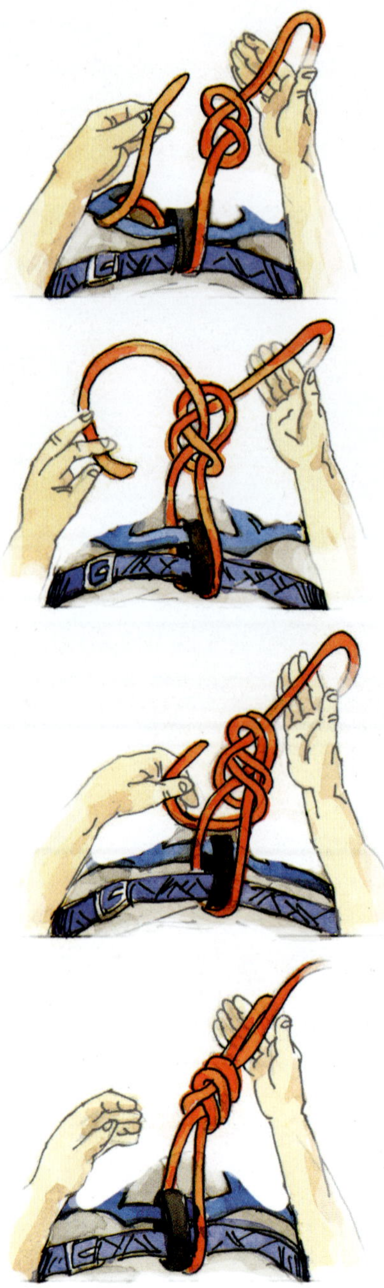

Le nœud de 8 : S'il n'y en avait qu'un seul à retenir, ce serait le nœud de 8. Il est indispensable. On l'utilise pour relier la corde à son baudrier, ce qu'on appelle aussi l'encordement. C'est le nœud le plus résistant et le plus fiable. On doit pouvoir le faire les yeux bandés.

Comment fait-on un nœud de 8 ? Le nœud de 8 demande un bon mètre de corde. On commence par confectionner un nœud simple en forme de "huit" (d'où son nom), on passe ensuite le bout libre dans les boucles du baudrier en suivant le parcours du premier 8 afin de doubler le nœud. Cela te semble compliqué ? Essaye avec un lacet de chaussure, tu verras, c'est plus facile que tu ne le crois...

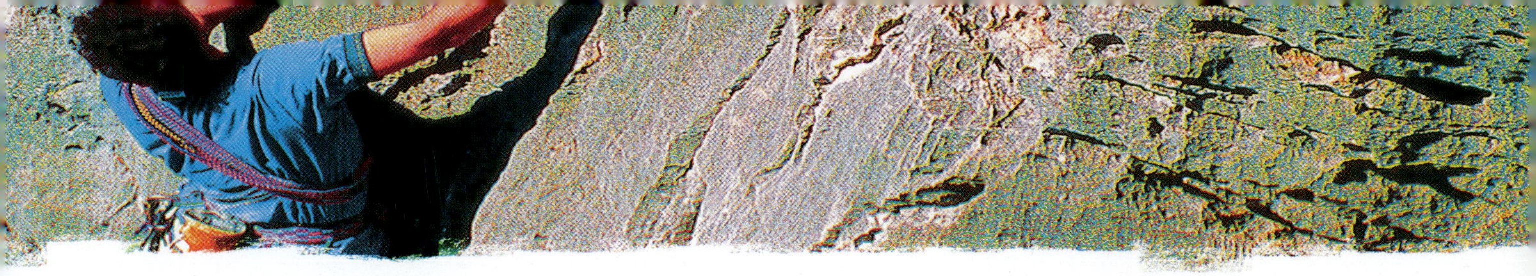

Pour s'attacher à un relais

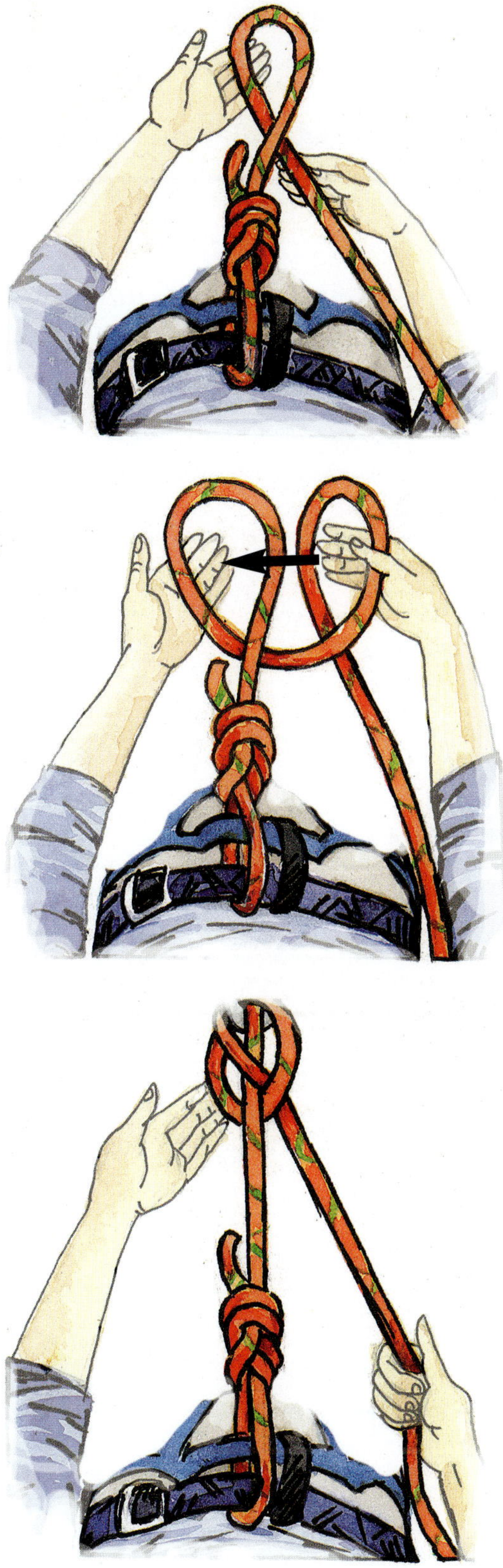

Le cabestan : Pour te rendre compte de l'importance de ce noeud, imagine-toi avec une seule main de disponible pour t'attacher. La situation est-elle sans espoir? Non, car à l'aide d'une seule main, le cabestan permet de s'attacher.

Comment fait-on un cabestan? La corde passe dans le mousqueton. On prend alors un des deux brins (bouts), on le passe sous l'autre et on forme une boucle. On obtient alors une forme de "lunette inversée" (un brin au-dessus, un brin en dessous). Il faut ensuite passer la boucle que l'on vient de former dans le mousqueton afin que les brins soient au milieu. Le tour est joué!

Pour relier deux cordes

Le nœud de pêcheur double : Seules les cordes peuvent être reliées avec ce nœud (pas les sangles). Attention, les deux cordes à relier doivent être identiques.

Comment fait-on un nœud de pêcheur double ? Laisse pendre l'une des deux cordes à la verticale. Ensuite, enroule l'un des bouts de l'autre corde autour de celle à la verticale. Après deux tours, passe le bout à l'intérieur des deux boucles. Ensuite, serre fort. Fais ensuite la même chose mais en inversant les cordes (on obtiendra deux nœuds d'où le nom "double"). Les deux nœuds se complètent et les deux cordes n'en forment plus qu'une.

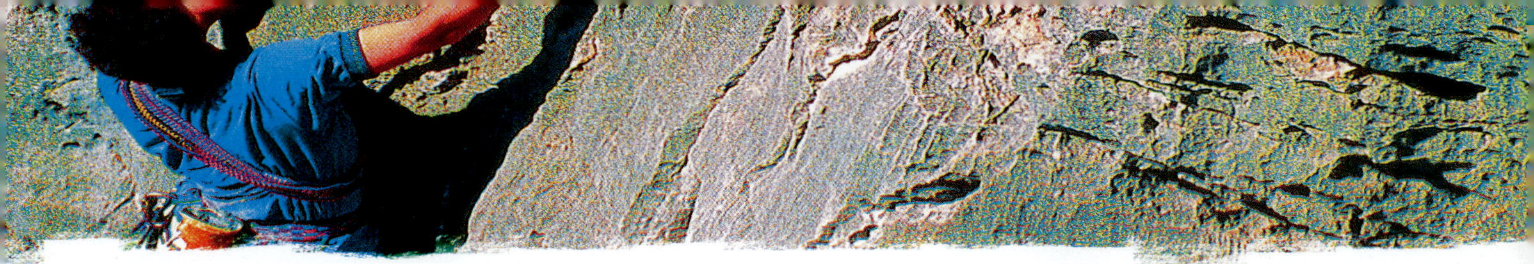

Pour descendre en rappel

Le machard français (aussi appelé le nœud français ou le machard) : En cas de chute, il se bloque. C'est le nœud autobloquant par excellence. Les autobloquants sont des nœuds qui se bloquent dès qu'ils sont soumis à une forte tension. On les utilise pour s'auto-assurer lors de la descente en rappel, pour évacuer un blessé ou encore pour remonter le long d'une corde.

Comment faire le machard français ?
On va enrouler une cordelette (corde plus fine que les autres) autour de la corde. On va faire au moins quatre à cinq tours (jusqu'à sept) puis on va joindre les deux extrémités de la cordelette dans un mousqueton à vis.

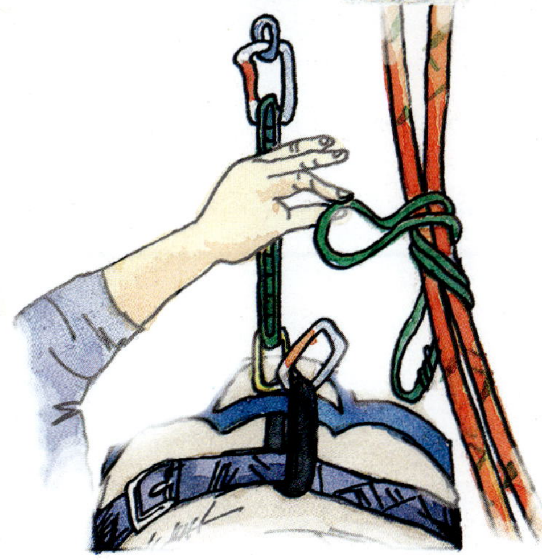

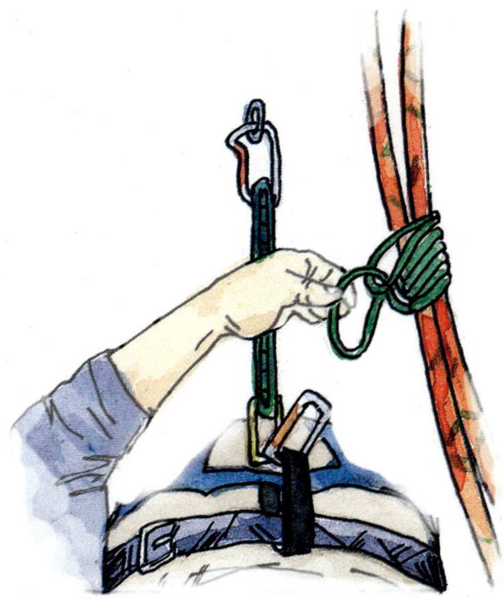

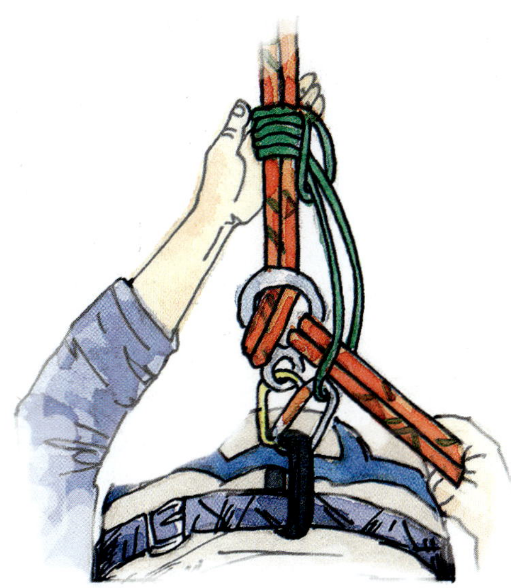

Découvrir la technique

Evaluer son niveau

Il existe 9 niveaux d'escalade. Ces niveaux sont divisés en sous parties (a, b, c) qui sont elles aussi partagées (a, a + par exemple).

Le niveau 1 est le plus facile, le niveau 9 est le plus difficile. Le "a" est supérieur au "c". Par exemple, une voie classée 5b+ sera un petit peu plus difficile qu'une voie 5b, de même entre une 6a et une 6b+.

Pour débuter, mieux vaut commencer par des voies de niveau 3 ou 4. Si on est à l'aise, alors, on peut s'essayer aux voies plus difficiles de demi niveau en demi niveau.

On mesure son niveau en fonction de la voie la plus difficile que l'on sait grimper. Ainsi, si un grimpeur arrive à escalader une voie de niveau 6 sans tomber, alors il peut prétendre être de niveau 6.

Le vertige

Le vertige, c'est cette peur que l'on ressent parfois quand on est au-dessus du vide. Malheureusement, il n'existe pas de remède miracle. Mais une chose est sûre : le vertige ne doit pas t'empêcher de pratiquer l'escalade. On conseille souvent de ne pas regarder en bas. Il faut en effet oublier la hauteur où l'on se trouve et faire comme si on venait juste de quitter le sol. La solution consiste à se concentrer sur le reste de la montée, pas sur ce que tu viens de grimper.

Voici quelques petits conseils : il faut y aller progressivement. Le vertige disparaît avec la pratique.
Il est préférable de se coucher tôt avant une journée d'escalade, peur et fatigue riment bien ensemble.
Pour ne pas avoir le vertige, il vaut mieux partir avec une personne calme, qui a de l'expérience et en qui tu as confiance. Ainsi, tu n'hésiteras pas à prendre de l'altitude.

L'assurage

Le solo mis à part, on ne grimpe jamais seul. Quand le premier grimpe, le second reste au pied de la paroi pour assurer son partenaire. L'assureur joue un rôle très important : il permet la progression du grimpeur. Si jamais le grimpeur chute, il le retiendra. Celui-ci donne du mou ou, au contraire, reprend de la corde.

Pour remplir son rôle, l'assureur dispose du descendeur. Il existe différentes manières de s'en servir. On doit faire passer la corde dans le descendeur de la même façon que pour le rappel.

Les mains ont chacune leur position : la main gauche en haut et la main droite en bas. Cette dernière va "avaler" la corde en remontant.

Pour donner du mou, c'est à dire lâcher de la corde pour que le grimpeur puisse continuer, la main gauche descend en glissant vers le descendeur et bloque la corde. La main droite, elle, glisse vers le bas.

Assurage sur un descendeur

ment, sécurité

Le premier grimpeur progresse sur la paroi

En même temps, les deux mains tirent de la corde vers le haut. Les deux mains ont repris leur position initiale et le grimpeur peut continuer.

La chute

Savoir chuter est une des premières techniques à connaître par les grimpeurs. Les chutes arrivent même aux meilleurs. Rassure-toi : tomber n'est vraiment pas une honte en escalade. Les chutes s'expliquent presque toujours de la même façon : la corde est mal placée. Elle doit être entre les deux jambes.
Il ne faut surtout pas hésiter à dire à son assureur que l'on commence à lâcher prise.

ment, sécurité

Le grimpeur doit déjà penser qu'il va revenir sur la paroi quelques mètres seulement en contrebas. Pour préparer ce retour, il faut anticiper.

La première chose à faire quand on chute est d'essayer de voir l'endroit où l'on reprendra contact avec la paroi. Le grimpeur anticipe en pliant les jambes pour tenter d'amortir le choc les pieds en avant (et surtout pas les genoux).

Pendant la chute, le grimpeur voit devant lui la corde mais attention, il ne doit surtout pas essayer de l'attraper car c'est au moment où le grimpeur est dans les airs que son assureur bloque la corde. Essayer de l'attraper entraînerait immédiatement de graves brûlures. Le mieux à faire est d'attendre le contact avec le rocher, de rester souple.

Autre chose aussi à ne pas faire : essayer de se rattraper à un mousqueton. Le grimpeur risque de se faire très mal à l'épaule et, plus grave, d'ouvrir le mousqueton et de provoquer une véritable chute jusqu'au sol.

Comment réagir quand le grimpeur tombe ?

Surtout, ne panique pas ! L 'assureur plie les genoux pour compenser le poids du grimpeur dans le vide et avec son bras droit (celui qui est près du descendeur donc le gauche pour les gauchers), il bloque la corde vers le bas. Ce brin de corde qui retombe vers le bas ne doit jamais être lâché.

Entraînement, échauffe

La moulinette

Grimper en moulinette permet au grimpeur de se concentrer uniquement sur le rocher et d'oublier la corde puisque celle-ci passe par le haut de la paroi pour le relier à l'assureur.

Grimper sans se fatiguer

Pour aller au bout d'une voie, le grimpeur doit savoir économiser ses forces. Tu t'en apercevras vite, ce sont les muscles des avant-bras qui se fatiguent en premier.

ment, sécurité

Voici quelques petites astuces qui te permettront de garder des forces en réserve.

Dans la plupart des voies, il y a des failles ou des trous dans lesquels on peut faire rentrer son genou. Coincer son genou permet aux bras de se reposer. On y pense rarement mais cette ruse rend bien des services.

Quand on sent son bras qui commence à trembler, on peut toujours placer son genou en-dessous pour le supporter.

Si jamais, tu es à bout de forces, il est possible de t'asseoir dans le vide pour te reposer. Mais attention, il faut bien se mettre d'accord avec l'assureur pour qu'il bloque la corde (voir comment faire quand le grimpeur que j'assure est en train de tomber?). N'hésite pas à lui répéter plusieurs fois ce qu'il doit faire car s'il ne bloque pas la corde, c'est la chute assurée (de toute façon, avant de te laisser aller dans le vide, tu dois sentir la corde tendue).

Entraînement, échauffe

Musculation

Avec la technique et la préparation mentale, l'escalade demande de la force physique. Pas besoin d'aller en salle de musculation, quelques exercices suffisent pour améliorer sa musculature et devenir un meilleur grimpeur.

Pour renforcer ses avant-bras (très importants en escalade) : suspends-toi à une barre et reste le plus longtemps possible. Travailler sa suspension est essentiel en escalade, car il faut pouvoir se suspendre à une main le temps d'attraper un mousqueton à son baudrier.

Pour renforcer les muscles de tes bras : le meilleur exercice, ce sont les tractions. Elles musclent à la fois les biceps, les triceps et les épaules.

L'escalade demande aussi une bonne ceinture abdominale. Alors fais des abdos !

Les étirements

Pour travailler sa souplesse, rien de mieux que les étirements. Attention, étire-toi seulement quand tes muscles sont chauds (après l'échauffement). Il est très important de bien respirer pendant les étirements et de ne pas donner d'à-coups. Reste environ trente secondes par étirement.

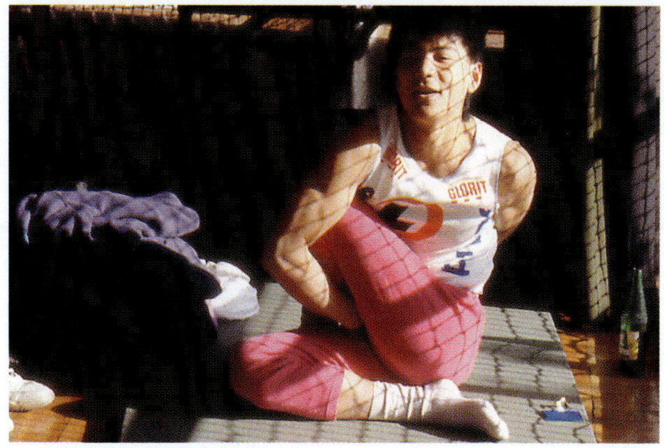

Étirer les bras : Place ton bras tendu derrière la tête et tire vers le bas. Cet étirement concerne le triceps, ton muscle derrière le bras.
Joins tes mains derrière le dos et tire vers le haut. Cette fois, cela étire les épaules.

Étirer les jambes : écarte les jambes et descend progressivement pour faire le grand écart. Tu arrêtes quand tu commences à avoir mal.
Mets-toi ensuite sur les genoux, les jambes repliées en arrière et pousse tes hanches en avant. Cette fois, ce sont les quadriceps que tu étires.
Pour finir, reste sur les genoux mais cette fois, tend une de tes jambes vers l'avant pendant que l'autre reste repliée en arrière. Essaie maintenant de toucher ton pied avant avec tes deux mains. Tu étires tes muscles situés derrière la cuisse.

Le respect des règles

L'escalade peut s'exercer dans un cadre naturel. C'est sans doute ce qui amène, chaque année, toujours plus de monde à pratiquer ce sport. Une fois arrivé au sommet, le plaisir de l'escalade est aussi de pouvoir contempler la vue.

Il faut respecter le cadre qui nous permet de faire de l'escalade. Ne pas le polluer mais aussi ne pas déranger les animaux qui y vivent. Selon les saisons, certaines voies sont fermées aux grimpeurs parce que les oiseaux qui y habitent sont en période de reproduction ou de couvaison.

et des autres

Même quand les voies sont ouvertes, il faut toujours faire attention et savoir où l'on va : ne pas hésiter à contourner un nid et toujours essayer de faire le moins de bruit possible. Le grimpeur doit arriver à se fondre dans le milieu naturel sans y laisser sa trace.

Pour cela, il existe un moyen de grimper sans dégrader le milieu naturel : il s'agit du coinceur. Il se fixe dans les fissures du rocher. Il existe différentes sortes de coinceurs adaptés à toutes les roches. Il ne déforme pas le rocher et préserve la voie.

Tu découvres ton sport

Marie, une grimpeuse qui monte.
Cette jeune grimpeuse parisienne de 10 ans s'entraîne en salle tous les mercredis depuis un an. Son professeur vient de l'emmener pour la première fois à Fontainebleau s'entraîner sur des blocs et il lui tarde déjà d'y retourner.

Marie a découvert l'escalade toute petite grâce à son père qui travaillait dans une base de loisirs. "Je devais avoir quatre ans" raconte-t-elle. Bien sûr, c'était de la petite grimpe, à deux ou trois mètres de haut, mais quand on a quatre ans, ça commence à faire !

Il y a un an elle a décidé de s'inscrire dans un complexe sportif parisien. Dans ce gymnase, le mur d'escalade propose plusieurs voies différentes. Au bas de ces voies, de gros tapis mous sont disposés pour amortir les chutes. Chaque voie atteint six mètres de hauteur. "Quand on débute, six mètres c'est déjà assez mais après quelques séances, six mètres, cela devient facile", explique Christian, diplômé d'escalade.

Pour le moment, ces six mètres conviennent très bien à Marie même s'il lui tarde de retourner grimper en extérieur : "La salle, c'est très intéressant pour travailler les techniques mais la véritable escalade se fait sur des falaises. Mais par dessus tout, le plus impressionnant, ce doit être les Gorges du Verdon", glisse-t-elle impatiente.

"C'est vrai que Marie est très douée pour son âge. Si elle continue à progresser, elle deviendra une très bonne grimpeuse. Elle est agile, souple, fluide dans ces mouvements et toujours concentrée dans ce qu'elle fait", remarque son initiateur au centre depuis deux ans. Il y a quelques semaines, elle est allée à Fontainebleau. Cette ville de la région parisienne possède de nombreux blocs et Marie a adoré : "C'était génial ! C'était la première fois que je grimpais sur des blocs et même si on ne grimpe pas haut, ça procure toujours des sensations." Des sensations fortes, Marie en redemande.

Si Marie n'a pas froid aux yeux, elle n'est reste pas moins une jeune fille attentive et sérieuse, elle écoute scrupuleusement les consignes.

L'échauffement commence. Après quelques allers-retours en footing, place aux étirements. Marie est très concentrée pendant les étirements

car elle a compris que "la souplesse est très importante dans l'escalade". Marie enfile son baudrier, montre aux encadrants que tous ses noeuds sont bien faits, et enfin s'attaque au mur. Les premières prises ne lui posent pas de problèmes mais Marie arrive maintenant sur un dévers. Jusqu'à aujourd'hui, elle n'avait jamais réussi à passer l'obstacle mais avec les conseils des entraîneurs, Marie finit par arriver en haut. Fière d'elle, elle redescend tranquillement avec une seule idée en tête... recommencer !

Les lieux de pratique

A l'extérieur sur des falaises, des blocs (quelque soit la roche : granit, calcaire…) ou à l'intérieur, sur une paroi artificielle, on peut pratiquer l'escalade par tous les temps.

Renseigne-toi, il doit bien y avoir une salle d'entraînement près de chez toi. Mais attention, la salle reste un remède contre le mauvais temps car la véritable escalade se pratique dans la nature. Sans oublier que les séances de grimpe dans les salles peuvent être chères.

La falaise (appelée l'école)

Les falaises sont devenues très à la mode ces dernières années. Il existe des falaises pour tous les niveaux. Leur hauteur peut varier d'une dizaine à une centaine de mètres.

Le bloc

Les Blocs sont ces gros rochers réservés à l'escalade que l'on peut trouver dans les villes. Ils ne sont pas très hauts (trois à quatre mètres). On essaye souvent de nouvelles techniques sur les blocs. On ne se fait pas mal si l'on tombe. Attention, il ne faut surtout pas croire que les blocs, peu élevés, sont forcément faciles.

La salle

L'escalade en salle est un très bon moyen d'entraînement (pour ensuite grimper en milieu naturel). On y apprend les différentes techniques.

Les lieux de pratique

Du Groenland à Madagascar, en passant par la Jordanie et les Etats-Unis sans oublier la France, l'Italie ou encore l'Allemagne, l'escalade se pratique partout dans le monde.

Gorges du Verdon

Quand on parle d'escalade, difficile de ne pas parler des gorges du Verdon. A 100 kilomètres de Nice, dans le sud de la France, cette région attire tous les grimpeurs du monde. Attention, il faut avoir la forme car les gorges du Verdon sont profondes de 300 mètres !

"Yosemite Valley"

Ce grand parc national américain est très connu pour "Le Capitaine", le plus grand monolithe granitique du monde. Particularité de Yosemite : c'est un parc naturel et il n'y a donc aucun piton sur les voies. C'est de l'escalade libre sur des parois longues et hautes de 600 mètres !

1

2

3

Voici quelques autres sites remarquables :
1- Rio de Janeiro, 2- Gorges du Verdon,
3- À côté de Yosemite Valley aux États-Unis

"Finale Ligure"

Cette région d'Italie est le paradis de l'escalade. Elle compte des centaines de voies de tous degrés de difficultés. Certaines parois atteignent 80 mètres de haut.

"Arco"

Cette région calcaire du nord-est de l'Italie offre tout ce que peut rechercher un grimpeur : de longues parois de 250 mètres et une multitude de petites falaises pour tous les niveaux. C'est l'endroit idéal si on veut travailler sa technique tellement il y a de murs à grimper.

Les professionnels, com

Il existe différents genres de compétitions en escalade.

La grimpe en cordée

C'est le style le plus répandu car c'est celui qui limite les risques au maximum grâce à la corde qui lie tous les membres de la cordée (une cordée est une petite équipe de deux ou trois grimpeurs tous reliés entre eux par une corde). Dans chaque cordée, il y a un leader, celui qui monte en premier et les autres qui le suivent.

Le libre

Pour grimper en libre, on ne se sert que de son corps et des prises naturelles de la paroi. Tous les autres moyens, comme pitons ou branches d'arbres, ne doivent pas être touchés par le grimpeur. Toutefois ce type de grimpe est réservé aux grimpeurs confirmés même si le libre se fait en toute sécurité car si les pitons ne servent pas à grimper, ils sont toujours là pour assurer.

Le solo

Grimper en "solo" signifie grimper en solitaire c'est à dire tout seul, sans compagnon de cordée. Il existe deux formes de solos : le solo intégral et le solo auto-assuré.

Mais il faut avoir plusieurs années d'expérience pour tenter ce genre d'aventure alors patiente car c'est vraiment dangereux.

Les professionnels, com

Gérôme Pouvreau est le plus jeune champion du monde d'escalade de l'histoire de la discipline. Gérôme a été sacré en 2001, alors qu'il n'avait que 17 ans. Aujourd'hui, il continue à s'entraîner tous les jours.

Comment as-tu découvert l'escalade ?

J'avais huit ans. J'ai grandi à La Rochelle, une région où l'escalade n'est pas très développée. Mais un jour, dans une foire exposition, le club de La Rochelle faisait des démonstrations. J'ai essayé de grimper en haut du mur et j'ai réussi à mon premier essai. Ça m'a tout de suite plu et je me suis inscrit au club dans le mois qui a suivi.

Qu'est-ce qui te plaît dans l'escalade ?

C'est un défi permanent. Il faut sans cesse repousser ses limites. Pour y arriver, il faut aller au bout de soi-même. Dans l'escalade, il n'y a pas ce

côté répétitif qu'on retrouve dans les autres sports : aucun rocher ne se ressemble et c'est donc à chaque fois un nouveau challenge.

La grimpe me procure aussi beaucoup de sensations fortes. J'adore me faire peur.

Mais l'escalade, c'est aussi un mélange de mental, de physique et de technique. Il faut savoir se concentrer, visualiser son parcours avant même de poser la main sur la paroi, et en même temps, l'escalade exige une grande force physique et une technique irréprochable.

Et pour réussir, il faut posséder et travailler les trois.

Quel est le meilleur conseil que tu pourrais donner à un débutant ?

De se faire plaisir et en même temps de ne jamais abandonner. Il faut en vouloir pour progresser.

Glossaire

ASSURER : C'est garantir la sécurité au grimpeur en le retenant en cas de chute. Celui qui assure s'appelle "l'assureur" et il se trouve au pied de la paroi.

UNE CORDÉE : C'est un groupe de 2 à 3 grimpeurs reliés par une corde.

UNE COUENNE : C'est une petite falaise de 40 mètres de hauteur maximum. Tes premières sorties à l'extérieur se feront sans doute sur des couennes.

GRIMPER EN LIBRE : Le grimpeur est assuré mais il ne sert d'aucun moyen artificiel pour grimper.

LOVER : Plier une corde pour la ranger.

"DONNER DU MOU" : C'est donner de la corde au grimpeur de tête (le premier de cordée) pour lui permettre de continuer d'avancer. Le contraire de donner du mou est "donner du sec". Entre l'assureur et le grimpeur, pour gagner du temps, on dit seulement "mou" ou "sec".

LA MOULINETTE : C'est une technique qui permet au grimpeur d'être assuré depuis le sommet de la voie et de ne pas être géné par la corde.

LE RAPPEL : C'est une technique qui consiste à redescendre le long d'une corde. Le rappel est aussi un type de corde de 90 mètres de long qu'on utilise pour grimper en duo.

LE RELAIS : Quand on grimpe en duo, le relais est l'endroit où s'arrête le premier pour attendre le second.

SE VACHER : Tu entendras souvent cette expression, elle signifie s'attacher.

COINCEUR : Fixation de différents calibres à insérer dans une faille de la roche.

DÉVERS : Inclinaison de la paroi dépassant la verticale.

Index

AVERTISSEMENT

Ce sport peut être dangereux.
Ce livre en est une découverte.
Pour ta sécurité tu dois être responsable.

Crédits photographiques :
Toutes les photos sont de Jacky Godoffe,
sauf en pages 2, 6b, 10, 12g-b, 14d, 22g, 38g, 39g, 47 Christian Pedrotti
Les illustrations en pages 18, 19, 20, 21, 28 de Larissa Mayorova.